ÉLOGE

DE M. EDMOND DE CAPÈLE

Par M. THÉRON DE MONTAUGÉ,

Lauréat de l'Institut, Membre correspondant de la Société centrale d'Agriculture de France.

MESSIEURS,

Une des causes qui ont le plus contrarié, chez nous et ailleurs, les progrès de l'agriculture, est certainement l'insuccès final auquel a abouti la carrière, si brillante au début, de certains novateurs. Ces hommes, plus hardis que sages, n'ont manqué ni de talent, ni de connaissances, ni même, quoiqu'on en ait dit, de capital. Une seule chose leur a fait défaut : le jugement, cette qualité maîtresse que le paysan gascon, en son naïf langage, qualifie du nom même qui représente pour lui la supériorité dans l'ordre de la naissance : l'*aïnat*.

Quoique à bon droit mis en défiance par ces échecs, le public condamne trop rigoureusement les victimes, oubliant qu'à côté des fautes qui ont amené l'insuccès, il y a presque toujours des essais profitables dont, en bonne justice, il convient de se montrer reconnaissant.

Mais combien plus le cultivateur doit-il éprouver de gratitude et de sympathie pour ces hommes habiles et sages, sévères dans leurs mœurs et simples dans leurs goûts, qui, alliant la science à la pratique, l'esprit de conduite au culte

du progrès, l'épargne au travail, deviennent les artisans de leur fortune et les guides assurés de tous ceux qui, pour arriver aux mêmes fins, ne craignent pas de pratiquer les mêmes vertus!

C'est à cette catégorie d'esprits d'élite et de cœurs généreux qu'appartient le regretté collègue dont nous allons essayer de retracer la carrière et les travaux.

I

EDMOND DE **CAPÈLE** naquit à Muret, au mois de janvier **1811**, d'une famille ancienne fort considérée dans le pays. Après avoir fait de bonnes études classiques qu'il termina au Collége royal de Toulouse, il fut admis à l'Ecole polytechnique avec le numéro **17**. Il en sortit en **1835**, et fut incorporé dans un régiment d'artillerie. Deux ans après, s'étant marié, il quitta l'armée pour l'industrie, puis bientôt il abandouna l'industrie pour l'agriculture, vers laquelle il se sentait entraîné par ses goûts, et qui allait devenir pour lui un sujet d'études fécondes et un élément de fortune.

Malheureusement, M. de Capèle, qui a tant observé et tant profité de ses observations, n'a pas beaucoup écrit. C'est un regret que partagent tous ceux qui l'ont connu et tous ceux qui l'ont lu. En effet, homme de bon sens avant tout, notre collègue ne consentait à parler que de ce qu'il connaissait bien, évitant ainsi les erreurs dans lesquelles tombent si souvent ces esprits brillants mais non solides, qui croient qu'avec une lueur de science et beaucoup de faconde on peut s'ériger en critiques ou même en arbitres sur toute chose.

Qu'il ait un rapport à faire ou une question à traiter, M. de Capèle limite d'abord son sujet, puis il se rend maître du terrain et le fouille en tout sens. Habile à discerner le côté fort et le côté faible du livre dont l'examen lui est confié, il signale avec bonheur ce qu'il y rencontre d'utile et de nouveau, comme il attaque hardiment les assertions et les déductions que son expérience personnelle ne lui permet pas d'admettre. Dans l'un et l'autre cas, il expose scrupuleusement les motifs qui déterminent ses appréciations, toujours marquées au coin d'une instruction solide, d'une fine observation, d'une grande indépendance d'esprit et d'un jugement remarquablement sain.

Le style sobre, comme il convient à des études sérieuses et à la gravité du sujet, porte parfois, un peu trop peut-être, en ses négligences, l'empreinte de l'homme pratique si préoccupé du fond même des choses qu'il n'a pas souci de la forme. Il en résulte, dans le récit, un certain goût de terroir qui ne messied point et qui ne préjudicie en rien à la clarté ni même à la correction.

Des quatre Mémoires présentés par M. de Capèle à notre Compagnie et imprimés dans le Bulletin, trois empruntent leur sujet à la viticulture. Le premier en date, est un rapport sur les travaux de M. le Dr Louis de Martin (de Montpellier). Il contient une discussion intéressante sur un procédé de vinification proposé par cet œnologue, et consistant à opérer le cuvage en vase clos, en donnant, à travers un tube plongeant dans l'eau, une issue aux gaz produits par la fermentation. Notre collègue critique ce système, auquel il reproche judicieusement d'exposer les foudres à de graves avaries si l'orifice du tube vient à être obstrué par la vendange. Il préfère laisser un vide dans le foudre, replacer la porte supérieure sans la luter, et poser la bonde de manière à ne boucher qu'imparfaitement l'orifice. De cette manière on obtient tous les avantages du cuvage en vase clos sans s'exposer à ses risques : les gaz surabondants s'échappent avec facilité, et l'acide carbonique remplaçant l'air resté dans le foudre après l'introduction de la vendange, empêche le marc de se dessécher et de tourner à l'aigre.

Amateur de son art, attentif à en suivre tous les progrès,

M. de Capèle s'empressa, dès l'apparition du système de taille à long bois préconisé par le Dr Guyot, d'organiser des expériences comparatives. Il vous entretint plus tard des résultats, lorsque le temps lui eut permis de poser des conclusions.

Vous connaissez tous, Messieurs, la taille dite *à mort*, qu'on pratique dans nos pays, lorsque avant d'arracher une vigne, on veut, en quelques années, en épuiser toute la vigueur. Avec ce procédé consistant à doubler sur chaque courson le nombre des yeux, qui de deux se trouve ainsi porté à quatre, on obtient sans fumier et en prenant seulement la précaution de rabattre sur le vieux bois, plusieurs récoltes très-supérieures à celles que donne la taille ordinaire. C'est en regard de ce mode vulgaire que M. de Capèle expérimenta la méthode Guyot, caractérisée par la substitution d'une branche à fruit d'un mètre de longueur et d'une branche à bois, aux coursons multiples qui se dressent comme les fleurons d'une couronne au sommet de nos souches.

La partie de la vigne taillée à mort et celle à laquelle fut appliquée la méthode Guyot, reçurent même fumure et mêmes façons. En outre, on donna à celle-ci les soins spéciaux réclamés par la mise en pratique du système (couchage sur fil de fer, épamprage, rognages, etc.). La première année, bien que la quantité de vendange obtenue sur la parcelle traitée selon le système Guyot, fût plus considérable que sur la vigne taillée à mort, le rendement en vin fut sensiblement le même. Quant à la qualité du produit, l'avantage sous le rapport de la couleur et du goût ne fut pas pour la vigne qui avait reçu la taille nouvelle, la maturité du raisin ayant été inégale et incomplète.

La seconde année, ce défaut s'accusa plus nettement encore. Non-seulement le vin obtenu sur la parcelle où le système Guyot était en expérience, fut plus vert et moins coloré que celui de la vigne taillée à mort, mais encore la quantité fut moindre.

A la troisième année, survint une grêle qui permit de constater que les dégâts causés par ce fléau sont beaucoup plus graves, quant à la récolte sur pied et quant à l'avenir de la plante, sur les vignes couchées que sur celles qui s'élèvent verticalement.

Cet insuccès de la méthode Guyot dans les expériences de M de Capèle, doit-il être considéré comme un jugement sans appel? Beaucoup de viticulteurs le pensent, on ne saurait le nier. Toutefois, en présence des résultats magnifiques obtenus au moyen de la taille longue par un très-habile viticulteur de Castelsarrasin, M. Bastié, nous estimons qu'il y aurait lieu de se livrer à de nouveaux essais, en observant toutes les précautions qu'il a prises lui-même (choix des plants, orientation, espacement, fumure, pincement, effeuillage, etc.).

Soyons circonspects, mais laissons encore la question à l'étude et bornons-nous, en ce moment, à tirer des essais de M. de Capèle cette conclusion très-importante qu'en donnant des engrais à la vigne on peut lui laisser plus de bourgeons fructifères. Il n'est pas de plante qui paye avec plus de largesse les soins du cultivateur. Les vignerons du canton de Noé ne récoltaient pas plus de 18 à 20 hectolitres de vin à l'hectare, il y a quelques années. On m'assure que les plus soigneux obtiennent aujourd'hui 32 hectolitres, en moyenne, et cela sans beaucoup fumer les vignes, mais en les travaillant avec plus de sollicitude que dans le passé, surtout en leur laissant assez de bourgeons pour que la vigueur de la plante puisse s'épancher en fruits, au lieu d'être refoulée sur la végétation ligneuse. Lorsque ces vignobles, si intelligemment conduits sous le rapport du choix des cépages et de la taille, seront convenablement fumés, ils ne sauraient manquer de donner des rendements bien supérieurs.

Nous devons aussi à M. de Capèle des observations fort intéressantes sur la fabrication des vins de presse et sur l'emploi des marcs. La note qu'il a publiée à ce sujet dans le Journal de la Société a levé bien des doutes. Partisan du cuvage en vases clos, il voudrait que partout les foudres fussent substitués aux cuves. Lorsque l'on n'a à sa disposition que ce dernier mode de récipient, il convient de mettre à part le marc formant chapeau pour qu'il ne communique pas à la masse ses principes d'acidité. Quand le vin de presse est recueilli, M. de Capèle conseille de le déposer dans un foudre au fond duquel on a préalablement tassé une couche de marc de 80 centimètres environ ; deux jours après, on soutire. Passé au travers de ce filtre, le vin de presse est suffisamment clarifié pour pouvoir être immédiatement mélangé avec le vin de goutte auquel il communique de la *tenue* par l'acide tartrique et le tannin qu'il a en excès.

Quant à la fabrication des *piquettes* avec le marc passé sous le pressoir, voici comment notre collègue l'opérait. Après chaque *pressée*, il faisait déposer le marc par couches horizontales dans une cuve. Chaque soir, on arrosait abondamment la masse. La cuve remplie, on versait de l'eau à la surface jusqu'à ce que le liquide s'élevât aux 2/5 de la capacité du récipient ; puis, pendant 7 ou 8 jours, on humectait le marc avec ce même liquide ramené du fond de la cuve.

Pour obtenir une 2e et une 3e piquette, on procède d'une manière analogue. Les produits ainsi préparés se sont toujours trouvés plus riches en alcool que ceux qu'on fabrique par la méthode vulgaire.

Quant au marc qui avait subi ces décantations, M. de Capèle le faisait recouvrir d'une couche d'eau de 10 centimètres pour l'empêcher de s'avarier ; il l'employait ensuite à l'engraissement des moutons ou à l'élevage des bêtes bovines.

Notre regretté collègue, avec son admirable sens pratique, avait parfaitement compris que, dans les conditions économiques faites à notre agriculture, nous devons principalement nous efforcer de produire du vin et des fourrages.

C'est à ce dernier ordre d'idées que se rattache le Mémoire qu'il vous présenta en 1871, sur l'assainissement d'une prairie marécageuse. Dans cet écrit substantiel où il rend compte d'essais importants, on voit se révéler à chaque ligne l'ingénieur et le cultivateur. Cette union de la science à la pratique qui donne tant de prix aux communications écrites que M. de Capèle vous a adressées, a fait aussi les succès de son exploitation rurale dont il nous reste à vous entretenir.

II

Lorsque notre collègue vint établir sa résidence sur son domaine patrimonial de Noé, il était préparé par ses études de l'Ecole polytechnique et par l'expérience qu'il avait acquise dans les affaires industrielles, à mener à bien l'entreprise agricole. L'instruction spéciale qui lui manquait encore, il n'allait pas tarder à l'acquérir, en s'aidant des conseils et de l'expérience de son frère.

Au début, l'exploitation ne comprenait qu'un enclos auquel était annexée une ferme d'une cinquantaine d'hectares. Diverses acquisitions en portèrent la contenance à 130 hectares, vers 1848. La terre de Noé, située sur la rive gauche de la Garonne, s'étend depuis le village de ce nom, dans la partie inférieure de la vallée, jusques aux coteaux qui bordent la plaine et même au plateau qui la surmonte.

Le sol formé par des alluvions récentes, est, en général, de nature silico-argileuse. Il est entremêlé de cailloux, fort inégal, et présente tantôt des affleurements de gravier relativement infertiles, tantôt des fonds profonds et riches. Là, le terrain est très-sec; tout auprès, il conserve assez d'humidité pour qu'on ait pu y établir de belles plantations de peupliers d'Italie. Le sous-sol est, d'ailleurs, presque partout perméable dans la plaine.

En homme habile, M. de Capèle s'appliqua d'abord à mettre son système de culture en harmonie avec les exigences du terrain. Les champs caillouteux, rebelles à la production des céréales, furent consacrés à la vigne. On s'appliqua à les débarrasser des eaux stagnantes par des terrassements, des fossés découverts et des drainages, puis on défonça le sol à 50 centimètres, on choisit de bon plant, qu'on groupa suivant l'époque de la maturité, qu'on espaça à 1 mètre 50 sur 90 centimètres et qu'on soumit à une taille rationnelle (1).

Un vaste cellier muni de beaux foudres, d'un pressoir, de fouloirs et de tous les accessoires, fut établi auprès de l'habitation. Cette installation a dû recevoir des accroissements considérables à mesure que le vignoble s'est étendu. La vigne occupe aujourd'hui 57 hectares sur le domaine de Noé. On peut affirmer qu'elle y est l'objet d'une culture intelligente et économique. Le rendement moyen est de 32 hectolitres de vin à l'hectare, mais il n'est pas douteux qu'il ne puisse être porté plus haut lorsque les engrais seront plus libéralement employés.

On s'attache avec succès, depuis quelque temps, à réunir en composts tous les résidus ligneux de l'exploitation rurale, les balles de blé, les terres provenant du curage des fossés, des mares, etc. Quand ce mélange est suffisamment décomposé, on l'enfouit dans des rigoles de 45 centimètres

(1) Cépages rouges précoces : bouchalés, négret (dérivé du pineau de bourgogne), canari.

Cépages rouges tardifs : grosse mérille, mourastel ordinaire, mourastel grosse queue, morterille ou côte rouge, mouran (bouchalés de Bordeaux).

Cépages blancs précoces : blanc de dame, canari blanc, blanc de rose.

Cépages blancs tardifs : chalosse, mauzac.

On mélange la vendange blanche à la rouge dans la proportion de deux pour cent environ.

de large sur 30 centimètres de profondeur creusées par la charrue et le grapin entre les rangées des souches (1).

Quant aux terres les plus fertiles du domaine, on les a converties en prairies ou soumises à l'assolement quadriennal. Dans cette rotation, un quart est consacré au froment, un quart aux fourrages verts annuels, un quart à l'avoine. Le reste est laissé en jachère, ou reçoit, parfois, des cultures dérobées.

Six hectares de prairies naturelles arrosées en grande partie et dix hectares de prairies artificielles pérennes, permettent d'entretenir l'équivalent de quarante têtes de gros bétail. Comme le fumier qu'elles produisent est presque entièrement consacré aux terres arables, il en résulte qu'on compte à Noé une demi-tête par hectare. Cette somme d'engrais combinée avec l'emploi des amendements calcaires : marne et chaux, et avec un sage assolement, a élevé le rendement du blé, pendant les cinq derniers exercices, à 24 hectolitres 60 litres par hectare, et celui de l'avoine à 35 hectolitres.

Quant aux prairies naturelles qui occupent six hectares, M. de Capèle, après les avoir assainies par des nivellements et par des drainages, les a disposées avec intelligence pour l'irrigation. Puis, il y a amené, au moyen d'un barrage, les eaux d'un ruisseau voisin, et il a capté, avec des conduites souterraines, les sources que renfermait le terrain supérieur. Cette opération conçue et exécutée avec art, a notablement augmenté les approvisionnements de la ferme. On a pu ainsi entretenir un plus grand nombre d'animaux de rente : bêtes bovines gasconnes, bêtes ovines lauraguaises, etc.

Les travaux de l'exploitation sont effectués à l'aide de bœufs

(1) A Chaubet, chez M. Victor de Capèle, une vigne qui ne produisait que 15ʰ,75 de vin à l'hectare, en rend 43ʰ,75 depuis qu'elle a été traitée par cette méthode.

et de mulets, organisation ingénieuse qui permet de réserver à ceux-ci les transports, les hersages, les labours légers, à ceux-là les façons profondes et toutes les opérations qui exigent moins de rapidité que de force.

Un outillage suffisant sans être luxueux, des bâtiments modestes mais agrandis de manière à répondre à tous les besoins du service, une magnanerie annexée à des planta-tions importantes, un beau vignoble, de nombreux bestiaux, un bon assolement, etc. tout révèle dans l'organisation du domaine un esprit éclairé, ingénieux, économe, alliant à « des vues d'ensemble justes une intelligence et un soin des détails remarquable. »

En 1867, lorsque s'ouvrit dans la Haute-Garonne le concours pour la prime d'honneur, des succès matériels, attestés par une comptabilité loyale, avaient couronné l'œu-vre de notre collègue.

Le jury leur donna une consécration nouvelle en dé-cernant à M. de Capèle une médaille d'or grand module. Tous les cultivateurs convinrent qu'on ne pouvait mieux placer cette haute distinction.

Notre collègue ne voulut pas se borner à des travaux si légitimement récompensés. Il poursuivit son œuvre, et lors-que la mort vint briser sa carrière, on constata qu'il avait augmenté notablement son capital et triplé son revenu.

Sans doute, l'honneur de ce résultat revient principale-ment à l'habile direction qu'il avait imprimée à son entreprise agricole ; mais il faut bien aussi faire la part des sages prin-cipes d'ordre et d'économie dont il s'était inspiré dans la ges-tion générale de sa fortune. C'est ainsi qu'il s'était soigneu-sement gardé de tomber dans cette erreur, si fatale et pourtant si répandue, qui consiste à confier à l'exploitation rurale tous les capitaux dont on dispose. Il pensait, comme M. Léonce de Lavergne, que le propriétaire-cultivateur doit placer un tiers au moins de sa fortune en valeurs mobilières facilement réalisables, produisant une rente fixe.

Notre vieux dicton populaire : *la bordo din la tiréto* (la métairie dans le tiroir), exprime, en termes concis, ce même principe auquel bien des familles riches de cultivateurs doivent leur aisance progressive. Rien n'est plus propre , en effet , que la fixité des revenus mobiliers , non-seulement pour atténuer les conséquences fatales des désastres auxquels est exposée la production agricole , mais encore pour favoriser les progrès de l'art et grossir l'épargne.

On a souvent dit que la vie des champs enrichit par l'augmentation des revenus et par la modération des dépenses personnelles. C'est rigoureusement vrai ; car la simplicité des goûts, si naturelle à la campagne, est une source de richesses en même temps qu'un élément de félicité. Notre collègue en avait fait l'épreuve.

Vivant sur son domaine au sein d'une famille qui lui était justement chère, entouré de l'estime et de l'affection de tous ceux qui l'approchaient, profondément sensible quoique peu expansif, dévoué à ses amis jusqu'au sacrifice, toujours bienveillant et serviable aux pauvres comme aux riches, M. de Capèle partageait son existence entre l'exercice de ces vertus modestes et la direction de ses travaux agricoles.

Notre Société perd en lui un de ses membres les plus éclairés et les plus utiles, en un moment où son expérience pouvait nous servir de guide dans la transformation, désormais inévitable, de notre économie rurale.

Heureusement, M. de Capèle n'a pas péri tout entier. Ses écrits et ses exemples nous restent. Il laisse, auprès de nous, un frère qui était de moitié dans ses travaux comme il l'était dans ses affections, et n'avons-nous pas aussi l'espoir de voir notre collègue revivre un jour dans ses enfants ?

Toulouse, Impr. Louis & Jean-Matthieu Douladoure

72